인물로 시작하는 한국사 첫걸음

고려의 시작 태조 왕건

김일옥 글　서선미 그림

스푼북

책 속에서 만난 친구

어린 시절 우리 집은 마을과 동떨어진 외딴 곳에 있었어요. 학교가 끝나면 참 많이 심심했지요. 그래서 저는 책을 많이 읽었답니다.

책 속에는 많은 친구들이 있었어요. 그런데 제가 책 속에서 만났던 친구들에게는 한 가지 공통점이 있었어요. 그건 바로 어떤 어려움을 만나더라도 절대 포기하지 않는다는 거예요. 특히나 역사 속 인물들은 힘든 상황에 처해도 꿋꿋하게 문제를 풀어 나갔지요.

그래서 살아가면서 어려운 일이 생기면, '책 속 주인공이라면 이럴 때 어떻게 했을까?' 하는 생각을 자주 했답니다. 물론 책 속 주인공들처럼 멋지게 문제를 잘 풀어 가지는 못했지만, 이때껏 나름대로 최선을 다해 문제를 풀어 왔어요. 모두 책 속에서 만난 특별한 친구들 덕분이라고 생각해요.

혹시 우리 어린이 친구들도 역사 속 주인공이 되고 싶은가요? 그렇다면 단단히 각오를 하는 게 좋을 거예요. 위대한 인물들에게는 그들을 위대하게 성장시킨 어려움과 시련이 반드시 있게 마련이거든요. 그 어려움을 두려움 없이 헤쳐 나갈 용기를 가진 친구들이 되길 바라요.

역사 속 주인공은 되지 않더라도, 저는 우리 어린이들이 역사 속 주인공들과 친구가 되었으면 한답니다. 역사 속 인물들은 내게 많은 힘이 되고 위로가 되거든요. 나만의 '특별한 친구'인 거죠.
《고려의 시작 태조 왕건》이 여러분의 멋진 친구가 되길 바랍니다.

동화 작가
김일옥

차례

용맹함과 따뜻한 포용력으로 고려를 세우다
왕건 … 6

하늘이 내린 왕

궁예를 따르다

백성이 마음으로 따르는 사람

새 시대를 열다

후삼국을 통일하다

인물의 발자취를 찾아 떠나는 여행 ··· **86**

인물 연표 ··· **96**

찾아보기 ··· **98**

용맹함과 따뜻한 포용력으로 고려를 세우다

왕건

하늘이 내린 왕

바람은 시원하게 불고 파도는 힘차게 배를 밀어붙였다. 이번 장삿길은 매우 만족스러웠다. 중국에서 사 간 비단을 다른 나라에 비싸게 팔았고, 대신 질 좋은 물소 뼈를 싼값에 많이 사들일 수 있었다. 물소 뼈는 활을 만들 때 꼭 필요한 물건이었다. 바닷바람은 순조로웠고, 돌아오는 길에 마주쳤던 해적과의 싸움에서는 크게 이겼다.

송악*의 성주 왕륭은 뱃전에 서서 점점 가까워지는 벽란도**를 마주하고 있는 아들 왕건을 바라보았다. 왕건 옆에는 이번에 새롭게 호위 무사가 된 우림이 딱 달라붙어 있었다.

"아버지, 먹을 게 없어 해적질로 살아갈 수밖에 없는 저들의 처지가 딱합니다."

백성들을 괴롭히는 해적은 마땅히 없애야 한다는 게 보통 사람들의 생각이었다. 하지만 고작 열다섯 살, 이제 막 아이 티를 벗

---

* 송악: 개성의 옛 이름.
** 벽란도: 황해도 예성강 하류에 있는 나루. 고려 시대에 국제 무역항으로 외국 상인들이 많이 왕래했다.

은 왕건의 생각은 달랐다.

"저들이 해적이 되고 싶어서 되었겠습니까? 세상이 어지러워 먹고살 길이 없으니 그리된 것일 뿐입니다. 질서가 다시 잡히면 예전의 백성으로 돌아갈 것입니다. 저들에게 식량을 나눠 주시길 간절히 부탁드립니다."

어린 왕건의 말에 해적 두목 우림은 눈물을 쏟았다.

"20여 년 해적질을 해 왔지만 저희의 어려움을 헤아려 주시는 분은 처음 뵈옵니다. 부디 저를 거두어 주십시오. 어린 공자님을 제 평생의 주인으로 모시고 싶습니다. 비록 배운 게 없는 미천한 몸이지만 바닷길에 관해서는 모르는 게 없습니다."

왕건은 고개를 끄덕였다. 그때부터 우림은 한시도 왕건 옆에서 떨어지지 않는 든든한 호위 무사가 되었다.

벽란도에 내려 송악으로 들어가던 길에 우림이 말했다.

"그러니까 공자님이 송악의 후계자라는 거요? 송악이면 이 주변의 호족*들 중에서 제일 힘센 대장 아니오. 역시 내가 사람 보는 눈이 있다니까."

"뭐? 살려 달라고 해서 살려 준 건 나인데, 어떻게 우림 네 녀석이 사람 보는 눈이 좋다는 거냐?"

왕건이 웃으며 말했다.

"내가 죽으면 죽었지 남의 부하 노릇은 안 하는 사람이오. 그런 내가 제 발로 성주님 밑으로 들어와 공자님을 모시잖습니까? 나를 부하로 삼고 싶어서 안달이 난 호족들이 얼마나 많은 줄 아시오?

* 호족: 신라 말 고려 초에 활동한 지방 세력. 군사력과 경제력을 바탕으로 각 지방을 다스렸다.

오죽하면 '바다를 갖고 싶은 자, 우림을 잡아라!' 하는 말까지 있겠소? 공자님은 그 소문도 못 들어 봤소?"

"뭐라고? 하하하, 제 입으로 자랑을 잘도 하는구나."

우림은 간혹 허세를 부렸지만 무예가 뛰어나고 바닷길에 관해서는 정말로 모르는 게 없었다. 또한 왕건과 둘이 있을 때는 친구처럼 대하면서도 다른 사람들 앞에서는 깍듯했다.

"송악의 후계자라는 게 그렇게 대단한 거냐?"

"암요. 게다가 공자님은 송악을 넘어 진정 새 나라의 왕이 될 분이오."

"뭐?"

왕건이 깜짝 놀라 우림을 바라보았다.

"송악을 가졌으니 이제 곧 이 땅 전체를 가져야지요. 지금 곳곳에서 온갖 힘센 놈들이 성주니 장군이니 하면서 왕 노릇을 하지만 그들은 피라미요. 그런 피라미들을 죄다 잡아먹을 수 있는 고래가 바로 공자님이란 말이오."

해적 출신에 싸우는 것 말고는 아는 게 많지 않은 우림이었지만, 그에게도 나름 세상을 바라보는 눈이 있었다.

"어째서 그렇게 확신하느냐?"

"생각해 보시오. 일단 송악은 육지로 난 길이 사방으로 연결되잖소? 거기다 예성강에서 바다로 통하는 물길은 얼마나 좋소? 대륙으로 가는 물길이 뚫려 있으니 사람이 모여들고 문물이 교류하는 곳이지요. 그래서 송악이 부유한 것이고."

"뻗어 나가는 길이 좋다는 건 공격 받기도 쉽다는 거지."

왕건의 말에 우림은 흥분하여 목소리를 높였다.

"그러니까 우리 공자님은 이 우림만 믿으시오. 나한테 칼 쓰는 법을 더 배워 전부 쓸어버리는 거요. 그러면 공자님이 왕이 되지 않겠소? 나는 왕의 호위 무사가 되는 거고. 흐흐!"

우림이 엄지를 치켜들며 말하자 왕건은 피식 웃었다.

"하지만 한 가지, 공자님은 마음이 너무 너그러운 게 흠이오. 해적들이 불쌍하다고 곡식을 내어 주는 사람은 세상천지에 공자님밖에 없을 거요."

"해적도 사람이 아니더냐. 그게 뭐 대단한 거라고. 그리고 왕은 그렇게 되는 게 아니야."

"왕이란 게 뭐 별거요? 힘센 놈이 왕 노릇 하는 게 요즘 세상이잖

소. 저 아래 지방에 있는 견훤도 군사를 일으켜 나라를 세울 거라고 하지 않소? 공자님이라고 못할 게 뭐 있소? 무예도 뛰어나지, 집안에 돈 많지, 게다가 인물도 좋고."

왕건은 진지한 표정을 지으며 무겁게 입을 떼었다.

"요즘 세상이 어지러워 너도나도 성주니 장군이니 하면서 모두 왕이 되고 싶어 하지. 하지만 왕은 그렇게 되는 게 아니라고 배웠다. 왕은 하늘이 정하는 거야."

"하! 하늘 같은 소리 하지 마시오. 하늘이 대체 우리한테 밥을 주오, 떡을 주오? 나는 그저 백성들을 배불리 먹게 해 주고 잘살 수 있게 해 주는 사람이 하늘이라 생각하오."

"그래, 모두가 배부르고 편안하게 살 수 있는 세상, 그런 세상을 만들려면 이 오랜 혼란을 끝낼 수 있는 사람이 왕이 되어야 해. 아마도 하늘은 이미 그런 사람을 준비해 놓았을 거야."

"쳇, 하늘이 뭘 준비를 한단 말이오? 뼈 빠지게 농사짓는 일도, 죽어라 싸우는 일도 다 사람이 하는 일인데, 꼭 배운 사람들은 하늘이니 뭐니 하더이다. 하늘이 내렸는지 아닌지 그걸 사람들이 어찌 알겠소?"

말을 타고 가던 왕건은 잠시 생각에 잠겼다.

"네 말도 맞다. 하지만 백성의 마음이 곧 하늘의 마음이라 했어. 백성들의 마음이 누구에게로 향하는지는 알 수 있지. 그러니 백성의 마음을 얻는 사람이 하늘이 내린 사람이 아니겠느냐?"

"도대체 무슨 말을 하는지 모르겠지만, 아무튼 나는 그런 사람이 공자님이라 생각하오."

"왜?"

"앞으로 공자님을 졸졸 따르는 놈들이 수없이 생겨날 거요. 나처럼 말이오. 내 이 나이까지 살면서 공자님처럼 어린 사람이 나처럼 없이 사는 놈의 처지를 헤아리고 생각해 주는 건 처음 봤소. 참말로 내가 감동을 받아 가지고…… 이렇게 평생 호위 무사를 하겠다고 하지 않소?"

툴툴거리는 말투였지만 왕건은 우림이 자신을 얼마나 좋아하고 따르는지 누구보다 잘 알았다.

"그런데 공자님은 어쩌다가 그렇게 애어른이 되었소? 날 때부터 그랬소? 아, 그래! 도선 대사께서 점지해* 주셨다는 소문이 있던데, 참말이오? 그게 참말이면 공자님이야말로 하늘이 내린 분 아니겠소?"

"아, 그건!"

왕건은 대답하려다 그냥 입을 다물었다. 말해 봤자 입만 아프겠

* 점지하다: 신령이나 부처가 사람에게 아이를 갖게 하여 주다.

다 싶었다. 이미 우림은 왕건이 마음에 꼭 들어서 뭐든 좋다, 최고다 하며 믿고 싶어 했다.

도선 대사는 이름 높은 승려였다. 특히 집이나 무덤의 위치와 지형에 따라 사람의 운이 결정된다는 풍수지리를 잘 아는 것으로 유명했다.

그런 도선 대사가 송악에 들른 적이 있었다.

"제가 일러 주는 곳에 집을 짓고 살면 다음 해에 슬기롭고 성스러운 아들을 낳을 것입니다. 아이의 이름은 '건'으로 지으십시오."

마침 아이를 갖지 못해 고민하던 왕건의 아버지 왕륭은 도선 대사의 말대로 새로 집을 지었다. 그렇게 해서 태어난 아이가 바로 왕건이었다.

왕건은 어릴 때부터 종종 아버지 왕륭을 따라다니며 세상을 둘러보았다. 왕륭은 외국에서 물건을 사고파는 일로 부자가 된 사람이었다.

"건아, 어떤 일을 하면 큰 부자가 될 수 있을 것 같으냐?"

"어떤 일을 하든 성실하게 일하면 누구나 작은 부자는 될 수 있습니다. 하지만 진짜 큰 부자는 올바르게 살아야만 될 수 있다고 생각합니다."

아들의 말이 재미있다고 여긴 왕륭은 다시 물었다.

"어째서?"

"올바르게 사는 사람은 사람이 돕고 또 하늘이 도울 테니까요."

왕륭은 도선 대사의 예언처럼 왕건이 뛰어난 아이임을 알아챘다. 그래서 더욱 왕건을 잘 가르치고자 했다. 자신이 아는 세상이 얼마나 작은지 깨닫고, 그 작은 세상에 갇혀 제 생각만이 옳다 여기지 말라고 왕건을 가르쳤다. 또한 끊임없이 전쟁이 이어지는 시기일지라도 사람의 목숨이 무엇보다 귀한 것임을 가르쳤다. 그런 아버지의 가르침 덕분에 왕건은 전쟁에서 이기고 지는 것보다 백성들의 생명과 삶을 지키는 것이 더 중요하다는 것을 가슴에 새길 수 있었다.

왕건이 스무 살이 될 무렵, 철원에서 세력을 키운 궁예가 점점 송악으로 뻗어 왔다.

송악의 왕륭과 주변 지역의 호족들은 궁예와 큰 싸움을 준비하기 시작했다. 하지만 왕건은 아버지를 설득했다.

"싸우지 않고도 지킬 수 있는데 어찌하여 싸우려 하십니까?"

왕건이 생각한 방법은 놀랍게도 송악을 궁예에게 내주는 것이었다. 우림은 왕건의 말에 놀라 기절할 뻔했다.

"궁예에게 제 손으로 송악을 갖다 바치겠다니, 제정신이오?"

"우림, 말조심하거라. 그분은 앞으로 우리가 왕으로 모실 분이다."

궁예를 따르다

"송악을 고스란히 궁예에게 내준다고요?"

왕륭의 집으로 주변의 호족들이 모여들었다. 궁예로부터 송악을 지켜 내야 자신들도 안전했기 때문이었다. 호족들은 모두 자신들이 궁예에게 결코 밀리지 않는다 생각했기 때문에 이번 싸움은 해 볼 만한 전쟁이라 여겼다. 그런데 그들은 왕륭의 집에서 뜻밖의 말을 듣고 크게 당황했다.

"성주님, 다시 한번 생각해 보십시오. 궁예의 기세가 만만치 않다고 하지만 이제 갓 자리를 잡은 애송이일 뿐입니다."

호족들은 목소리를 높였다.

사실 그들은 송악이 방패가 되어 맞선다면 뒤에서 적극적으로 도울 생각이었다. 하지만 왕륭은 궁예와 싸우지 않는 것은 물론이고,

오히려 궁예를 왕으로 모시고 새로운 나라를 세우겠다니 놀라지 않을 수 없었다.

"도대체 그렇게 생각한 이유가 무엇입니까?"

한 호족이 물었다. 그러자 왕륭 곁에 서 있던 왕건이 조용히 앞으로 나섰다.

"여러 어르신들의 걱정을 어찌 헤아리지 못하겠습니까? 견훤이 세운 후백제가 주변국에 사신을 보냈다고 합니다. 이제 당당히 한 나라가 되었다는 뜻이 아니겠습니까? 하지만 송악과 주변 지역은 아직도 여러 호족들이 다투고 있습니다. 우리가 힘을 모으지 않는다면 하나둘 후백제의 손에 넘어갈 것입니다. 신라가 삼국을 통일한 뒤로 200여 년 동안 숨죽여 왔지만 우리는 당당한 고구려의 후손들이지 않습니까?"

그랬다. 송악을 포함한 인근 지역의 호족들은 스스로가 고구려의 후손임을 잊지 않았다. 늘 조상들의 호방한* 기세와 드넓은 영토를 다스리던 전성기를 그리워했다.

"그런데 하필 왜 궁예입니까? 그가 신라 왕실의 숨겨진 왕자라는

* 호방하다: 기개가 있고 작은 일에 거리낌이 없다.

소문 때문입니까? 믿을 수 없는 소문보다 확실한 사실은 궁예가 자신이 섬기던 양길을 배신한 사람이라는 겁니다. 한 번 배신한 궁예가 두 번은 배신하지 않을 것 같습니까?"

그때 한 호족이 나서서 분위기를 진정시켰다.

"나도 우리가 이렇게 흩어져 있을 게 아니라 힘을 모아 나라를 세워야 한다는 말에는 동의하오. 그러나 궁예라니, 참으로 뜬금없소. 차라리 우리 중 누군가가 왕이 되는 게 더 낫지 않겠소? 송악 성주께서 나서 주신다면 우리도 함께하겠소."

듣고 있던 왕건이 힘주어 말했다.

"어르신들께서 우리 송악을 믿고 지지해 주시는 것은 감사한 일입니다. 하지만 저는 누가 왕이 되느냐 보다는 어떤 사람이 왕이 되느냐가 더 중요하다 생각합니다. 만약 우리 중 누군가 왕이 된다면, 궁예는 물론이고 동쪽 지방의 호족들과도 계속 싸워야만 할 것입니다. 전쟁이 계속된다면 희생도 그만큼 커집니다. 우리에게는 길고 긴 이 전쟁을 끝낼 사람이 필요합니다. 전쟁을 끝내고 고구려의 영광을 다시 가져다줄 수만 있다면, 그게 누구이든 우리는 기꺼이 왕으로 받아들여야 합니다."

"송악 성주께서는 정말 궁예와 함께 새로운 고구려를 세우겠다는 거요?"

왕륭 대신 왕건이 천천히 입을 떼었다.

"제가 믿는 것은 궁예가 아니라 백성들입니다. 그를 따르는 백성이 나날이 늘어나고 있습니다. 백성이 선택한 사람이라면 이는 곧 하늘이 선택한 사람이지 않겠습니까?"

"무지몽매한* 백성들을 어찌 믿는다는 말이오?"

"백성의 마음이 하늘의 마음이라 하지 않습니까?"

호족들은 밤이 깊도록 회의를 이어 갔다. 그리고 마침내 결론을 내렸다. 만약 궁예가 고구려를 잇는 새로운 나라를 세운다면 함께하겠다고.

송악에 모인 호족들과 큰 전쟁을 각오했던 궁예는 뜻밖의 소식에 크게 기뻐했다.

궁예는 피 한 방울 흘리지 않고 송악으로 들어왔다. 901년, 궁예는 고구려를 계승한 '후고구려'를 세웠다. 왕륭과 주변의 호족들은 모두 궁예 앞에 무릎을 꿇고 충성을 맹세했다.

왕륭이 궁예 앞에 나서서 말했다.

"폐하께서 옛 고구려, 백제, 신라의 영토를 모두 아우르는 진정한 왕이 되실 거라면 송악을 나라의 도읍으로 삼으십시오. 송악은 이

* 무지몽매하다: 아는 것이 없고 사리에 어둡다.

땅의 중심이자 사방으로 길이 통하는 좋은 땅입니다."

궁예가 보기에도 송악은 도읍이 되기에 모자람이 없었다. 궁예는 후고구려의 수도를 송악으로 정하고, 기꺼이 자신의 땅을 내어 준 왕륭에게 금성 지역을 다스리는 관직을 내렸다. 이때 왕륭은 자신의 아들 왕건을 송악의 새 성주로 삼아 왕을 돕게 해 달라고 말했다.

"새로운 왕의 곁에는 새로운 사람이 필요하옵니다. 제 아들 왕건은 아직 어리지만 생각이 깊고 무예도 뛰어나오니, 장차 폐하께 큰 힘이 되어 드릴 것입니다."

궁예는 왕륭의 요청대로 왕건을 송악의 새로운 성주로 삼고, 후고구려의 왕궁을 건설하는 책임자로 임명했다.

"폐하께 충성을 다하여 새로운 나라를 세우는 데 모든 힘을 쏟겠습니다."

그로부터 1년 후, 왕건은 송악의 모든 물자를 끌어모아 궁예가 머물 왕궁을 지었다. 그렇지만 여전히 왕건의 곁을 지키고 있던 우림은 불만이 많았다.

"성주님, 도대체 언제까지 남의 집이나 짓고 있을 거요?"

왕건은 눈에 힘을 주었다.

"남의 집이라니! 새로운 나라의 왕궁이다."

"아, 예, 예. 제 말은 그걸 왜 성주님 돈으로 짓냐 이 말이오. 게다가 다른 장군들은 모두 전쟁터로 나가 공을 세우기 바쁜데, 성주님은 왕궁이나 짓고 있는 게 답답해서 그러오."

답답하긴 왕건도 마찬가지였다. 하지만 궁예는 좀처럼 왕륭과 왕건을 믿지 못하는 눈치였다.

겉으로는 충신이라 치켜세우면서도 혹시나 왕건이 자신을 배신할지도 모른다고 의심했다.

"왕궁은 왕의 상징이다. 왕궁이 없는 나라가 어디 있더냐. 폐하께서도 곧 우리의 진심을 알아주실 것이야."

"성주님은 그게 문제요, 사람들이 다 성주님 같을 줄 아오? 조금의 틈만 보여도 뒤통수를 후려치는 게 사람들의 마음인데, 어찌 그걸 모르시오?"

왕건은 우림을 물끄러미 바라보았다. 전투가 몸에 밴 그에게 평화로운 송악은 지루한 곳일 것이다.

"왜, 자네도 내 뒤통수를 치고 싶은가?"

"아니, 이 우림을 뭘로 보는 거요? 한번 충성을 맹세한 내가 어찌 성주님을 배신할 생각을 한단 말입니까? 능력이 있으면서도 그저 겸손하기만 한 성주님이 답답해서 그러오."

왕건은 빙긋 웃었다.

우림과 티격태격하며 걸어가던 왕건이 갑자기 걸음을 멈추었다. 사람들이 모여 웅성거리는 게 무슨 일이 있는 듯했다. 재빨리 달려가 이야기를 듣고 온 우림이 말했다.

"얼마 전에 한 여인이 임신을 했는데, 그 집 오이밭에 참외가 열렸다고 합니다. 사람들이 이것을 매우 이상하게 여겨 폐하께 알렸는데, 점을 쳐 보니 만약 아들이면 나라에 해가 될 것이라 했답니다. 그랬더니 글쎄 폐하께서 남자아이가 태어나면 죽이라고 하셨다지 뭡니까? 그런데 오늘 아이가 태어날 듯하여 사람들이 저렇게 모여서 쑥덕거리고 있는 것이랍니다."

"뭐라고? 고작 점괘 때문에 아무런 죄 없는 아이를 죽이라 하셨단 말이냐?"

"장차 나라에 해를 끼칠 거라고 하니까요. 불쌍하지만 어쩔 수 없지요."

왕건은 순간 궁예가 애꾸눈*이 된 사연을 떠올렸다. '신라 왕실에 해가 될 아이'라는 점괘 때문에 궁예는 태어나자마자 높은 다락에서 바닥으로 던져졌다. 다행히 유모가 떨어지는 궁예를 받아 목숨은 구했지만, 손가락에 눈이 찔리는 바람에 한쪽 눈을 잃어버리고 말았다. 이후 유모는 궁예를 데리고 도망쳐 자신의 아들로 키웠다.

'자신도 그런 터무니없는 점괘의 피해자였는데, 어찌 그런 명령을

---

* 애꾸눈: 한쪽이 먼 눈.

내렸단 말인가!'

어떤 사람은 궁예가 지금 신라의 가장 큰 위협이 되는 후고구려를 세웠으니 점괘가 맞았다고 했다. 하지만 왕건은 그렇게 생각하지 않았다. 오히려 점괘 때문에 갓난아이였던 자신을 죽이려고 했으니 궁예가 신라에 맞서게 된 게 아닐까 생각했다. 만약 신라 왕실에서 아이를 잘 키웠다면 궁예는 신라를 지키는 데 온 힘을 다 쏟지 않았을까?

'아이를 죽이는 게 과연 옳은 일일까? 이게 새로운 나라가 백성들에게 보여 줄 희망인가? 진정 나라를 위하는 일은 무엇인가?'

왕건은 한동안 고민했다. 그러다가 자신이 왕의 명령을 따르겠다고 나섰다.

"아니, 성주님이 왜 이런 좋지 않은 일에 나선단 말이오? 이런 일은 아랫사람, 아니 제가 대신 다녀오겠습니다."

"아니다. 내가 송악의 성주이니 내가 해야만 한다."

왕건은 서둘러 오이밭에 참외가 열렸다는 집으로 갔다. 그리고 오랫동안 밖에서 아이가 태어나기만을 기다렸다. 아이는 태어나면 죽을 운명이라는 걸 아는지 좀처럼 나오려 하지 않았다.

"응애."

길고 긴 산통이 끝나고 아이가 세상에 나왔다.

왕건은 갓난아기를 품에 안았다. 참으로 작고 가벼웠다. 아기의 엄마가 눈물을 쏟으며 왕건의 바짓가랑이를 붙잡았다.

"나리, 아무것도 모르는 아기입니다. 불쌍히 여겨 주십시오. 차라리 아이 대신 저희 부부의 목숨을 가져가십시오."

"나리! 제발 아기를 살려 주십시오. 살려만 주신다면……."

"나도 폐하의 명령을 어길 수는 없네. 아들이 태어나면 죽이라는 명령이었지. 하지만 이렇게 예쁜 여자아이가 태어났으니 얼마나 다행인가."

"네?"

"저, 성주님. 이 아이는……."

옆에서 지켜보던 우림이 입을 달싹이자 왕건은 버럭 화를 냈다.

"자네는 그 입을 다물게."

그러자 아이의 아버지가 쏜살같이 왕건의 품에 안겨 있던 아기를 빼앗아 제 품에 안았다. 그리고 연신 고개를 숙였다.

"예, 그렇습니다. 여자아이이옵니다. 성주님, 여자아이이옵니다.

아주, 아주 예쁜 여자아이이옵니다."

왕건은 빙그레 웃었다.

"건강하게 잘 키우게나."

집을 나서는 왕건을 향해 아이의 부모는 계속해서 고개를 숙이며 절을 올렸다.

힐끗힐끗 뒤를 돌아보던 우림은 왕건에게 바짝 붙어 속삭였다.

"성주님, 아기 낳는 걸 돕던 할멈이 분명 사내아이라고……."

"자네가 봤나?"

"네?"

"나는 직접 봤네. 내가 봐어. 아이는 여자아이네."

그제야 왕건의 마음을 눈치챈 우림이 고개를 끄덕였다.

"예, 그렇죠. 우리 성주님이 여자아이라고 하면 여자아이인 거죠. 감히 성주님의 말씀을 거스르는 자가 있다면 이 우림이 목을 날려 버리겠습니다."

왕건은 눈살을 찌푸렸다.

"한 사람의 목숨은……!"

"아, 네, 네. 천하보다 무겁다고요. 소인 귀에 딱지가 앉겠습니다."

말은 퉁명스러웠지만 우림의 입은 헤벌쭉 귀에 걸릴 지경이었다. 우림은 어린 백성들까지도 귀히 여기는 왕건이 마음 깊이 자랑스러웠다.

얼마 후 후고구려의 왕궁이 완성되었다. 궁예는 웅장하고 멋진 왕궁이 마음에 쏙 들었다.

"수고하였네. 참으로 새로운 나라에 어울리는 멋진 왕궁일세. 내 그대의 수고에 무엇으로 보답하면 좋겠나?"

왕건은 무릎을 꿇고 궁예에게 청했다.

"폐하께서 보시기에 좋으시다니 소신도 감격스러울 따름입니다. 폐하께 바라는 것은 제가 더욱 충성할 수 있도록 저를 변방*에 보내 나라를 지킬 기회를 주시는 것입니다."

궁예는 겸손하고 꾸밈이 없는 왕건의 말이 마음에 쏙 들었다.

"하하, 나라를 향한 왕 장군의 충성된 마음을 어찌 모르겠는가? 장군의 요청대로 변방으로 가서 능력을 펼쳐 보여라."

궁예의 허락이 떨어지자 왕건은 전쟁터로 달려갔고 나가는 전투마다 승리를 거뒀다. 한껏 기세가 오른 왕건의 전투력은 대단했다. 후고구려는 왕건의 활약에 힘입어 남쪽으로 크게 뻗어 나가기 시작했다.

왕건이 전쟁에서 승리하고 송악으로 당당하게 돌아오자, 사람들은 왕건의 이름을 크게 부르며 환영했다. 궁예도 기뻐하며 왕건에게 높은 벼슬을 주었다.

* 변방: 나라의 경계가 되는 변두리의 땅.

백성이 마음으로 따르는 사람

904년, 후고구려의 세력이 커지자 궁예는 나라 이름을 '마진'으로 바꾸고, 다음 해에 수도를 송악에서 철원으로 옮겼다.

'어째서 폐하께서는 철원으로 도읍을 옮기신단 말인가? 한강으로 나아가긴 쉽지만 철원으로 들어오는 건 너무 어렵군.'

한탄강*에서 한강으로 나아가는 뱃길에 서서 왕건은 생각에 잠겼다. 애써 터를 닦은 송악을 버리고 철원으로 돌아온 궁예를 이해할 수 없었다.

송악은 전통적으로 왕씨 집안의 땅이었다. 그래서 송악의 백성들은 궁예보다는 왕건을 더욱 친숙하게 여겼다. 그게 궁예에게 거슬렸을지도 몰랐다.

'송악의 백성들이 나를 더 따를까 봐 이러는 것일까?'

궁예는 왕이 되기 전, 자신이 주군으로 모시던 양길을 배신하고 나라를 세웠다. 군대를 지휘하는 장수들은 언제든 자신의 군사들을 일으켜 왕과 맞설 수 있었다. 궁예는 자신이 배신한 적이 있기 때문

* 한탄강: 강원도 평강군에서 시작해서 철원군을 지나 임진강으로 흘러 들어가는 강.

에 신하들을 쉽게 믿지 못하는 듯했다. 왕건은 그런 궁예의 마음을 이해하려 애썼다.

"장군님, 정주 포구로 가서 배를 몇 척 더 만든 다음 나주로 향하실 거죠?"

생각에 잠긴 왕건은 자신에게 말을 건네는 우림을 돌아보았다. 왕건은 다시금 나주를 공격하기 위해 가는 길이었다. 몇 년 전 영산강을 타고 나주로 들어간 왕건은 그곳을 점령하여 후고구려의 영토로 삼았다. 하지만 나주는 후고구려와는 너무 멀리 떨어진 지역이었다. 후고구려의 영향력이 약해지자 나주 지역의 호족들은 또다시 후고구려와 후백제를 사이에 두고 저울질하고 있었다. 이에 궁예는 왕건에게 다시 나주 점령을 명했다.

"그래. 폐하께서 나주 점령에 지원을 아끼지 않겠다고 하시니 상황을 봐야겠지."

"네. 나주 호족들이 두 번 다시 후백제와 후고구려 사이를 왔다갔다 하지 못하게 이번에는 확실하게 힘을 보여 주십시오. 저도 최선을 다해 장군님을 돕겠습니다."

왕건은 진도 부근의 섬을 포함해 나주 지역을 다시 점령하는 데 성공했다. 나주 일대의 군현 10여 곳을 다시금 후고구려의 땅으로 만들었다. 바다에서 날뛰던 해적들은 왕건의 출전 소식이 들리자 앞다투어 달아났지만, 몇몇 호족들은 후백제의 도움을 바라며 왕건의 군대에 저항했다. 하지만 후백제군은 쉽게 달려올 수 없었다. 서해를 장악한 후고구려의 수군이 막강했기 때문이었다. 육지에서는 호랑이처럼 덤벼들던 견훤이었지만, 바다에서는 용맹을 떨칠 수가 없었다.

막강한 후고구려군의 기세에 나주 일대의 호족들은 납작 엎드렸다. 호족들은 왕건에게 항복하며 두 번 다시 후고구려를 배신하지 않겠다고 약속했다. 약속을 굳건하게 만들기 위해 왕건은 나주 호족의 딸 오씨와 결혼했다. 한편으로 왕건은 군사를 나누어 후백제의 침략에 대비하였다.

승전보*를 들고 다시 철원으로 돌아가는 길, 왕건은 서해를 가로질러 중국 오월**로 가는 후백제 사신단의 배를 사로잡았다. 왕건은

* 승전보: 싸움에서 이긴 경과를 적은 기록이나 소식.
** 오월: 중국 당 말기 양쯔강 남쪽 지역에 세워진 나라.

그 배를 궁예에게 선물로 바쳤다. 궁예는 왕건의 선물에 매우 기뻐했다.

"비옥한 땅인 나주 지역을 다시 점령하고, 오월로 갈 예정이었던 후백제 사신단까지 붙잡아 오다니! 역시 왕 장군이오! 하하하!"

왕건에 대한 궁예의 믿음은 날로 깊어졌다. 궁예는 왕건에게 시중이라는 벼슬을 내렸다. 시중은 후고구려에서 가장 높은 관직으로 이제 왕건 위에 궁예 말고는 아무도 없었다.

"폐, 폐하. 왕 장군의 공로가 크긴 하나 시중의 직책은 너무 과한 듯하옵니다."

한 신하가 궁예에게 고했다. 왕건도 같은 생각이었다. 뜻밖의 관직이 무겁게 느껴졌다.

"그러하옵니다. 이 모든 건 폐하의 영광이 있어 가능했던 것인데 시중이라니요. 소신에게는 너무 과한 직책이옵니다."

하지만 궁예는 왕건의 욕심 없는 태도가 마음에 쏙 들었다.

"내게는 많은 장수가 있지만 그대와 견줄 만한 장수는 없소. 최응, 그대가 생각하기에는 어떠한가?"

궁예 곁에서 조용히 글을 받아 적고 있던 어린 소년이 고개를 들었다.

"폐하의 뜻이 지극히 옳은 듯합니다. 왕 장군의 공로에 합당한 직책입니다. 상과 벌이 이처럼 분명하니 어찌 정당한 일이 아니겠습니까."

궁예 옆에 있는 소년의 모습은 상당히 어색해 보였다. 하지만 궁

예는 소년의 말에 고개를 끄덕였다.

"폐하 곁에 못 보던 사람이 있더군. 어려 보이던데 누구인가?"

왕건이 우림에게 물었다.

"최응 말씀입니까? 장군께서는 천재 소년 최응에 대한 소문도 못 들어 보셨습니까? 유교 경전에 통달한* 것은 물론이고 글 짓는 솜씨가 보통이 아니랍니다. 게다가 한 번 본 것은 잊지도 않는답니다."

"천재 소년 최응?"

"네. 요즘 도성이 최응에 대한 이야기로 시끌시끌합니다. 100년에 한 번 날까 말까 하는 천재가 우리나라에 있다니, 모두들 폐하의 은덕이라고 하지요. 무엇보다 중요한 건 요즘 궁에서 나오는 모든 문서가 최응의 손을 거친다는 겁니다. 왕께서 한림원**을 맡기셨으니까요."

왕건은 괜한 걱정이 들었다.

"폐하께서는 성품이 몹시도 예민하신데, 어린 나이에 관직 생활을 잘할 수 있을까?"

---

* 통달하다: 사물의 이치, 지식, 기술 등을 훤히 알다.

** 한림원: 임금의 명령을 문서로 작성하는 일을 맡은 관아.

"우리 장군님, 아니 시중 어르신. 참 걱정도 팔자이십니다. 지금 시중 어른이 해야 할 일이 얼마나 많은데 그 꼬맹이 걱정이오? 이 문서들이나 어서 검토해 주십시오."

우림이 두루마리로 된 문서를 잔뜩 들고 와 왕건 앞에 놓았다. 시중이 된 왕건이 처리해야 할 일은 산더미였다.

마진에서 태봉으로 또 이름을 바꾼 후고구려는 예전의 후고구려가 아니었다. 나라의 크기가 점점 커지자 예전 방식으로는 나라를 다스릴 수 없었다. 나라의 체계를 잡아야만 했다.

하지만 궁예는 이런 일들에 관심이 없었다. 어느 순간부터 궁예는 스스로를 미륵불이라 칭했다. 미륵불이란 사람들을 구원할 미래의 부처를 뜻하는데, 궁예 자신이 부처의 경지에 이르렀다고 생각한 것이었다.

궁예는 어떻게 하면 미륵불처럼 보일지에만 모든 관심을 쏟았다. 궁예는 황금으로 승려들이 입는 옷을 지어 몸에 둘렀다. 부처님이 제자들에게 강연하듯 전국의 스님을 불러 모아 강연을 하는가 하면 흰말을 타고 불경을 외는 스님들과 함께 철원 거리를 행진하기도 했다.

 백성들은 궁예의 화려한 행진에 미륵불이 나타났다며 환호했다. 미륵불이 평화와 안정을 가져다준다고 믿었기 때문이었다. 하지만 가까이에서 궁예를 모시는 신하들은 점점 사치스러워지는 행렬을 보며 걱정이 커졌다. 그리고 걱정은 서서히 공포로 변했다.

 궁예는 나날이 포악해져 갔다. 왕궁에서 죽어 나가는 신하들이 생겨났다. 궁예는 자신이 한번 쳐다보기만 해도 사람들의 마음을 꿰뚫어 볼 수 있는 '관심법'을 터득했다고 말하며 곧 그 관심법으로 자신의 심기를 거스르는 사람들을 죽이기 시작했다.
 "네 이놈, 나를 배반할 마음을 품었구나! 네가 아무리 속이려고 해도 나는 마음을 꿰뚫어 볼 수 있느니라!"
 "아, 아닙니다. 폐하! 저는 그런 뜻을 품은 적이 없습니다. 믿어 주십시오!"
 "내 관심법이 틀렸다는 것이냐? 변명해도 소용없다. 당장 이놈을 끌어내 처 죽여라."
 궁에서는 매일 비명 소리가 끊이지 않았다. 신하들은 물론 백성

들도 살얼음판을 걷는 것 같았다.

"장군님, 지금 상황이 좋지 않습니다. 잠시 철원을 떠나 국경에 머무시는 게 어떠십니까?"

우림의 말에 왕건은 고개를 끄덕였다.

"나도 국경으로 달려가고 싶다. 하지만 국경에서는 시중의 일을 하지 못하지 않느냐."

지나친 책임감이었다. 게다가 아지태 사건 이후로 왕건에게 몰려와 옳고 그름을 가려 달라 청하는 사람이 늘어났다.

아지태 사건이란, 아지태라는 신하가 자신의 고향 사람에게 억울한 누명을 뒤집어씌워 죽이려 했던 사건이다. 그때 왕건은 이것이 누명임을 밝히고 죄 없는 사람에게 해를 입히려 한 아지태를 처벌했다.

이 일로 인해 사람들은 걸핏하면 "시중 어른에게 부탁해 봅시다. 누가 옳고 그른지 재판을 해 달라 하면 될 게 아니오!"라고 말하고 다녔다. 백성들 사이에서 왕건에 대한 신뢰가 높아진 것이다. 우림은 이 일로 궁예가 혹시라도 왕건을 트집 잡을까 걱정했다.

"너무 걱정하지 마라. 폐하께서는 나를 믿고 계시다. 나 역시 딴

마음을 가지고 있지 않으니 별일이야 있겠느냐?"

하지만 철원성의 분위기는 날이 갈수록 살벌해졌다. 궁예는 급기야 왕비마저 의심해 잔인하게 죽였다. 왕의 정신이 온전치 않아 보였다.

신하들 모두 숨을 죽이고 왕의 심기를 거스르지 않기 위해 애썼다.

'폐하께서 정녕 정신을 놓으신 것인가! 나라의 앞날이 걱정이구나.'

"시중 왕건은 지금 바로 궁으로 들라!"

궁에서 왕의 명령이 전해졌다. 걱정스러운 얼굴로 자신을 바라보는 부하들을 뒤로하고 왕건은 궁으로 갔다. 신하들이 모여 있는 궁궐 마당에는 반역죄로 몰수한 금은보화가 가득 쌓여 있었다. 그것을 둘러보고 있는 궁예 옆에서 천재 소년 최응이 목록을 작성하고 있었다.

"소신 왕건, 폐하의 부름에 급히 달려왔습니다."

"내 그저 왕 시중의 얼굴이 보고 싶어 불렀소."

궁예는 밝은 얼굴로 왕건을 맞이했다. 그러나 뒤이어 하는 말은 예사롭지 않았다.

"요즘 날마다 왕 시중의 집으로 사람들이 모여들고 있다지?"

"예. 일이 많아서인지 늦은 시각에도 찾아오는 사람들이 종종 있습니다."

"흠……. 모여서 반역을 일으킬 궁리를 하는 건 아니고?"

"폐하! 그게 무슨 말씀이신지…….'

왕건은 몹시 당황했다. 궁예가 관심법으로 왕건의 마음을 꿰뚫어 보았다며 누명을 씌운다면 꼼짝없이 죽게 될 것이었다.

"왕 시중, 나를 몰아내고 왕위를 차지하고 싶은 것 아니오?"

"아니옵니다, 폐하. 저는 절대 그런 마음을 품은 적이 없습니다!"

왕건은 놀라 외쳤지만 등골이 서늘했다.

"어디 보자, 왕 시중의 말이 진짜인지 거짓인지, 내 한번 살펴봐야겠어."

궁예는 눈을 감고 하늘로 고개를 들었다. 하늘의 기운을 받아 왕건의 마음을 살펴보겠다는 것이었다. 왕건은 자리에서 꼼짝도 할 수 없었다.

그때 붓 한 자루가 또르르 왕건 앞으로 굴러왔다. 최응이 그 붓을 주우러 다가왔다. 왕건 가까이로 온 최응은 몸을 숙이며 왕건에게

작게 속삭였다.

"그렇다고 하십시오."

최응이 제자리로 돌아가자마자 궁예가 눈을 번쩍 떴다. 궁예가 쳐다보자마자 왕건은 바로 무릎을 꿇고 머리를 숙였다.

"폐하, 죽을 죄를 지었습니다! 폐하의 말씀이 옳사옵니다. 제가 너무나도 어리석어 한순간 잠시 딴마음을 품었습니다."

그 모습을 보고 궁예는 잠시 말이 없었다. 그러다가 갑자기 큰 소리로 웃기 시작했다.

"하하, 역시 그대는 정직한 사람이오. 이처럼 자신의 잘못을 바로 인정하다니, 놀랍도다. 왕 시중, 앞으로는 절대 나에게 반역하는 마음을 품지 마시오. 왕 시중이라 할지라도 나의 관심법에서 벗어날 수 없다는 것을 잊지 마시오!"

왕건이 떨리는 목소리로 대답했다.

"물론입니다. 참으로 폐하의 신통력은 놀랍습니다. 그 누가 폐하의 눈을 속일 수 있겠사옵니까?"

궁예의 얼굴이 환해졌다. 정말 자신의 신통력이 대단하다 여기는 듯했다.

"내 그대의 정직함에 상을 내리겠소. 여봐라, 최응."

"네, 폐하."

"왕 시중에게 여기 있는 금송아지와 비단 100필을 내려 주어라."

왕건은 고개를 더욱 깊이 숙이며 대답했다.
"성은이 망극하옵니다."

새 시대를 열다

반역의 증거도 증인도 필요 없었다. 오로지 궁예의 관심법만이 강력한 증거였다. 최응 덕분에 위기를 넘겼지만, 왕건은 궁예에게 지은 죄를 씻겠다며 자신을 전쟁터로 보내 달라고 청했다. 궁예의 허락이 떨어지게 무섭게 왕건은 모든 관직을 내려놓고 다시금 전쟁터로 달려 나갔다.

국경으로 나가는 길, 왕건은 짧은 편지를 받았다. 바로 최응이 보낸 편지였다.

> 왕 장군, 꼭 승리하고 돌아오시기를 빕니다.
> – 오이밭에 열린 참외

'오이밭에 열린 참외? 설마 그 아기가 최응이란 말인가?'

왕건은 20여 년 전 자신이 살린 사내아이가 기억났다. 그 갓난아기가 자라서 자신을 살려 준 것이다.

최응은 그 이후로도 종종 철원의 사정을 왕건에게 편지로 알려 주곤 했다.

> 철원의 민심은 나날이 흉흉해져 가고 있습니다. 하루에도 100여 명이나 되는 사람이 궁예의 관심법에 의해 죽어 나가니 그럴 만도 하지요. 사람들은 이제 이상한 예언에 매달리고 있습니다.
> 얼마 전, 대륙에서 건너온 한 장사꾼이 궁예에게 거울을 하나 바쳤습니다. 거기에 용이 나타나 세 나라를 통일한다는 글이 적혀 있는데, 거울의 예언이라고 하더군요. 궁예는 이 예언 속 용이 자신이라며 기뻐하고 있습니다. 하지만 많은 사람들은 그 사람이 바로 왕 장군이라 여기고 있습니다.

"아니, 최응 이 자는 뭐 하자는 수작인가? 어처구니가 없구나."

"허허, 장군님도 참. 그냥 사람들 말이 그렇다는 거 아닙니까? 왜 그리 화를 내십니까? 뭐, 틀린 말도 아니구먼."

왕건은 가슴 한구석이 가라앉는 것 같았다. 사람들의 마음이 궁예에게서 점점 떠나가는 게 느껴졌다.

'이대로 괜찮을까?'

나라의 기초를 다지고, 적의 침입에 대비하여 국방도 더욱 튼튼히 해야만 하는데 이 모든 일의 중심을 잡아야 할 왕이 무너져 내리고 있었다.

918년, 왕건은 잠시 도읍인 철원으로 돌아왔다. 왕건이 돌아왔다는 소식에 철원에 있던 장군들이 왕건을 찾아왔다. 오랫동안 전쟁터에서 함께 싸워 온 장수들이었다. 이들이 한꺼번에 찾아오자 왕건은 저도 모르게 긴장이 되었다. 그들의 입에서 엄청난 이야기가 나올 듯싶었다.

왕건의 예감은 정확했다. 장군들은 앞뒤 인사치레 따위 없이 용건부터 꺼냈다.

"장군, 오늘 저희는 죽음을 각오하고 이 자리에 모였습니다. 부디 군사를 일으켜 포악한 궁예를 내쫓고 어려움에 빠진 백성들을 구해 주십시오."

"그렇습니다, 장군. 우리는 모든 준비를 마쳤습니다. 장군께서 일어나시면 모두가 한마음으로 궁예를 몰아낼 것입니다!"

"장군, 저희는 장군을 따를 것입니다. 결단을 내려 주십시오."

장군들은 궁예를 몰아내고 왕건을 새로운 왕으로 세우려고 했다.

왕건은 크게 탄식하며 걱정스러운 표정으로 말했다.

"허어! 비록 폭군이라고 하나 충성을 맹세한 내가 어찌 폐하를 배신할 수 있겠는가?"

사실 왕건도 언젠가 이런 날이 올지도 모른다고 생각했다.

그래서 그들에게 화를 낼 수가 없었다. 그저 궁예가 다시 처음 후고구려를 세웠을 때처럼 인자한 임금이 되어 주기를 바랄 뿐이었다.

"먼저 배신한 자는 궁예입니다. 처음 왕 장군께서 송악을 궁예에게 바쳤을 때, 궁예는 고구려의 영광을 이어 새로운 나라를 세운다고 했습니다. 그리 약속하였기에 송악과 주변의 모든 호족들이 충성을 맹세한 게 아닙니까? 그런데 마진이라 이름을 바꾸더니 이제는 태봉이라니요! 나라의 이름을 바꾼다고 새 시대가 옵니까? 고구려의 영광은 다 어디로 갔습니까?"

"왕은 망상에 빠져 자신을 미륵불이라고 하고 있습니다. 황금 옷을 입고 흰말을 타고 가는 길에 꽃을 뿌리고 있습니다. 그런다고 해서 부처의 나라가 만들어지는 게 아니지 않습니까? 저희가 궁예에게 걸었던 희망은 모두 사라졌습니다."

"궁예에게 억울하게 목숨을 잃은 사람들의 원망이 하늘을 찌릅니다."

"이전에 장군께서도 자칫 화를 입을 뻔하지 않았습니까? 정말 그때 하늘이 도우시지 않았다면……."

하지만 왕건은 선뜻 장군들의 뜻을 따를 수 없었다.

'신하였던 자가 자신이 모시던 왕을 몰아내고 새로운 나라를 세우는 게 과연 정의로운 일인가? 궁예는 자신의 주군이었던 양길을 배신하고 새 나라를 세웠다. 궁예가 그랬던 것처럼 나도 그리한다면, 나 역시 왕의 자리를 지키는 게 어려울 것이다. 나라는 계속 혼란스러울 테고…….'

"왕 장군, 만약 우리의 청을 수락하지 않는다면…… 저희는 오늘 모두 죽게 될 것입니다."

맞는 말이었다. 하지만 왕건은 쉽게 대답할 수 없었다.

왕건이 쉬이 결단을 내리지 못하자 장군들은 서로 눈빛을 주고받았다. 누군가 나서서 왕건을 더 설득해 보라고 재촉하는 눈빛들이었다.

"장군, 백성의 마음이 곧 하늘의 뜻이라 했습니다. 지금 나라 안에 왕 장군만큼 백성들의 지지를 받는 인물은 없습니다. 백성들은 거울의 예언에 나온 용이 곧 왕 장군이라 여기지만, 이 이야기가 궁예에게 흘러 들어가진 않을까 염려하여 굳게 입을 다물었습니다. 백성들이 누구를 지키겠다고 그리하겠습니까?"

왕건은 순간 정신이 번쩍 들었다. 생각지도 못한 깨달음이었다.

'백성들이 궁예에게서 나를 지키고 있었다고?'

그때였다.

"장군."

밖에서 왕건의 첫째 부인 유씨가 부르는 소리가 들렸다. 왕건이 문을 열었다.

"부인, 들어오시오."

손님들에게 대접할 음식을 가져왔을 거라 예상했던 부인의 손에는 갑옷이 들려 있었다. 유씨는 신하들이 집으로 들어섰을 때부터 이런 이야기가 나올 것이라고 짐작했다. 그래서 밖에서 그들이 하는 이야기를 엿듣고 있었다.

왕건은 평소 쉽게 결론을 내리지 않고 오랫동안 신중히 고민하는 성격이었다. 평소라면 신중함이 무엇보다 훌륭한 성품일 테지만 지금은 빨리 결정을 내려야 할 때였다.

"부인!"

갑옷을 보고 놀란 왕건이 소리쳤다.

"어찌 망설이십니까? 고통스러워하고 있는 백성들을 모른 척하실 겁니까?"

왕건은 부인의 눈빛을 보며 깨달았다.

'나는 도대체 누구를 위해 배신하지 않겠다고 생각했는가? 내가 충성을 맹세했던 궁예는 백성들을 사랑하는 왕이었다. 하지만 지금

의 궁예는 사람 목숨을 벌레만도 못하게 여기는 폭군일 뿐이다!'

"장군께서는 이 땅 모든 사람들이 편안히 사는 세상을 만들 때까지 몸을 아끼지 않겠노라 맹세하셨습니다. 지금이 바로 그때입니다."

왕건은 지그시 눈을 감은 채로 고개를 천천히 끄덕였다. 장군들은 모두 무릎을 꿇고 왕건에게 충성을 맹세했다.

"장군께서 나오신다!"

누군가의 외침이 들렸다. 그 소리를 시작으로 왕건의 집 주변에 무장한 군사들이 조용히 모여들었다. 몇몇 병사들은 소식을 전하기 위해 각자 어디론가 뛰어갔다. 모여든 군사들 사이에는 긴장감이 감돌았다.

드디어 왕건의 집 대문이 활짝 열렸다. 왕건이 갑옷을 입은 채로 모습을 드러냈다. 그 뒤로 여러 장군이 함께 말 위에 올랐다.

왕건은 말 위에서 비장한 표정으로 외쳤다.

"나는 새 시대를 열기 위해 오늘 이 자리에 섰다. 궁예의 폭정으로 지금 나라는 크나큰 위기에 빠졌다. 백성들의 신음 소리가 하늘을 찌르고 있으니 어찌 모르는 척 하겠는가! 나는 하늘과 그대들의 뜻을 받들어 폭군을 몰아내고 나라를 새롭게 일으키고자 한다. 그대들은 나와 함께하겠는가?"

"왕 장군과 함께하겠습니다!"

모여든 군사들이 큰 소리로 답하자 왕건은 칼을 높이 치켜들었다.

"일어서라, 용맹한 고구려의 후예들이여! 새 나라를 위하여!"

왕건의 구호에 장군들과 병사들은 한목소리로 외쳤다.

"새 나라를 위하여!"

왕건이 군사를 일으켰다는 소식은 순식간에 퍼졌다. 왕건과 그를 따르는 군대가 나아가는 곳마다 사람들이 구름처럼 몰려들었다. 사람들은 함성을 질렀다.

"고구려를 위하여!"

"폭군 궁예를 몰아내자!"

왕건이 군사를 이끌고 온다는 소식을 들은 궁예는 깜짝 놀랐다. 궁예는 급히 북쪽 성문을 통해 철원을 빠져나갔다. 궁예가 달아났다는 소식을 들은 왕건은 추격을 멈췄다.

"끝까지 쫓아가 궁예를 죽여야 합니다, 장군."

"지금은 인정을 베푸실 때가 아닙니다!"

하지만 왕건은 더 이상 궁예를 추격하지 말라고 일렀다. 한때나마 온 마음을 다해 주군으로 섬겼던 궁예를 차마 자신의 손으로 없앨 수 없었던 것이다.

"궁예는 이미 모든 신하들과 백성들의 마음을 잃었다. 더 이상 새 나라에 위협이 될 수 없을 것이다."

군사들은 왕건의 말에 고개를 끄덕였다.

그렇게 왕건이 일으킨 혁명은 성공했다. 산속 깊이 도망쳤던 궁예는 얼마 안 가서 백성들에게 붙잡혀 죽임을 당했다.

"왕 장군, 자리에 오르십시오."
"자리에 올라 주십시오."
조정에 모인 사람들이 한목소리로 외치자 왕건은 말에서 내려 그들에게 절을 했다. 이제 왕좌에 오르면 왕건은 두 번 다시 몸을 숙일 수 없는 존재가 된다. 왕건은 절을 하면서 다짐했다.
'언제나 신하들과 백성을 하늘처럼 여길 것이다.'
왕건이 절하는 모습에 사람들은 가슴속에서 무언가가 울컥 치솟는 걸 느꼈다. 궁예가 다스리던 시대와는 다른 시대가 열리고 있었다. 사람들은 새로운 시대에 대한 희망으로 가슴이 두근거렸다.
드디어 왕건이 예를 갖추고 왕좌에 앉았다. 그러자 조정에 모여 있던 신하들이 모두 허리를 숙이며 절하고 큰 소리로 외쳤다.
"만세, 만세, 만세!"
"새로운 나라를 위하여!"
918년의 일이었다. 새롭게 왕좌에 오른 왕건은 다음 해 수도를 다시 송악으로 옮기고 나라의 이름을 '고려'라 칭했다.

 20대의 젊은 나이에 송악의 성주가 되었고, 궁예의 명을 받들어 수많은 전투에서 승리를 거두었다. 그랬던 왕건이 마흔이 넘은 나이에 고려의 왕이 된 것이다. 하지만 진정한 왕이 되려면 아직 해야 할 일이 남아 있었다.

후삼국을 통일하다

　왕위에 오른 왕건은 새롭게 나라를 정비했다. 그가 가장 먼저 한 일은 오랜 전쟁으로 지친 백성들의 마음을 위로하는 일이었다.
　가을 추수가 끝나고 겨울이 시작될 즈음 축제를 열었다.

연등회와 팔관회였다. 신라 때부터 행해지던 것을 왕건은 국가 차원의 행사로 발전시켰다. 연등회는 정월대보름에 연등에 불을 켜고 부처에게 복을 비는 행사였고, 팔관회는 하늘과 산, 바다의 신에게 감사의 제사를 올리는 큰 축제였다. 다른 나라에서 사신들이 찾아와 왕에게 축하 선물을 바치고, 물자와 문물을 교류하는 국제적인 행사이기도 했다.

노래하고 춤추는 사람들, 용과 봉황, 코끼리, 말 모양의 수레들이 길을 따라 행진했다. 사람들이 행렬을 구경하기 위해 구름 떼처럼 모여들었다.

축제에는 언제나 먹을거리가 넘쳐났다. 또 거리 곳곳에서 흥겨운 음악이 끊이지 않았고, 전국 각지에서 몰려든 재주꾼들이 각자 재주를 뽐내었다. 알록달록한 공을 공중으로 던져 차례로 받아내는 사람, 높은 장대를 신발처럼 신고 거인처럼 걸어가는 사람, 말 위에서 신통한 재주를 부리는 사람, 외줄 위에서 아슬아슬 떨어질 듯 떨어지지 않는 재주꾼들의 묘기에 사람들은 탄성을 질렀다. 거리마다 사람들의 웃음소리로 가득했다.

그렇지 않아도 오랜 전쟁으로 나라의 재정이 부족한데 이런 축제에 돈을 쓰는 건 낭비가 아니냐고 말하는 신하도 있었다. 하지만 사람들은 이런 축제를 통해 어수선한 마음을 안정시켰다. 자연히 백성들은 다시금 희망찬 미래를 꿈꾸기 시작했다.

"저 그런데 폐하, 예전에 폐하께서 꾸셨다는 꿈 말입니다."
왕건이 무슨 말인지 몰라 고개를 갸웃하자 우림이 답답하다는 듯 말했다.
"그, 바다에 높은 탑이 솟아올랐는데, 폐하께서 그 탑을 올라가는 꿈을 꾸었다 하신 것 말입니다."
"그게 언제 적 꿈인데 뜬금없구나. 그게 왜?"
"나주 근처 영암에 꿈을 아주 잘 풀이하는 사람이 있답니다. 이번 기회에 그를 한번 만나 보시는 게 어떠십니까? 사실 꿈 풀이뿐 아니라 학문도 아주 뛰어난 사람이라고 합니다. 꿈 풀이를 핑계로 그를 불러 만나 보시고 신하로 삼으시면 어떨까 합니다."
왕건은 그저 웃음을 지었다. 하지만 우림의 말처럼 왕건은 자신에게 길잡이가 되어 주고 조언을 해 주는 신하가 필요하다고 생각하고 있었다. 그의 주변에는 충직한 장군들은 많이 있지만, 백성들을 위해 무엇이 옳은 일인지, 더 좋은 나라를 위해 무엇을 해야 하는지 알려 줄 만한 사람은 많지 않았다.

'어떤 생각을 가진 사람인지 한번 만나 보자.'

왕건은 우림의 말대로 영암으로 가 최지몽을 만났다.

"폐하께서 꾸신 꿈은 바로 세 나라를 통일할 꿈입니다. 저도 기꺼이 폐하를 돕겠습니다. 저 또한 오랫동안 삼국을 통일할 분을 기다리고 있었습니다."

왕건은 최지몽의 말에 가슴이 벅차올랐다.

"그것 보십시오, 폐하! 제 말이 맞지 않습니까? 하하하!"

우림은 마치 자신이 세상을 가진 듯이 기뻐했다.

"이제 오랜 전쟁을 끝내고 백성들이 편히 살 수 있는 나라를 이룰 수 있도록 나를 도와주시오."

왕건이 최지몽의 손을 잡으며 말했다.

최지몽은 왕건 옆에서 함께하며 새 왕조의 기틀을 차근차근 세워 나갔다.

'지금은 힘들지만 이제 곧 좋은 세상이 올 거야.'

백성들의 마음 속에도 그런 믿음이 자라났다. 그렇게 나라가 안정되어 갔지만 왕건의 마음은 편치만은 않았다.

오랜만에 왕건은 홀로 밤하늘을 바라보고 있었다. 새벽이 오려면 아직도 얼마나 기다려야 하나 싶은 생각이 들었다. 밤하늘을 살피러 나왔던 최지몽이 왕건을 보았다.

"폐하, 밤바람이 찹니다. 어찌 잠을 이루지 못하시고 나와 계시옵니까?"

왕건은 최지몽을 보며 옅은 미소를 지었다.

30여 년 동안 누벼 온 전쟁터의 기억이 왕건의 머릿속을 스쳐 갔다. 씻어도 씻어도 지워지지 않는 피 냄새, 귓등을 스치고 지나가는 화살 소리, 뜨거운 땀의 끈적임, 군사들이 신음하는 소리와 울부짖는 소리가 아스라이* 떠올랐다. 하지만 전쟁이 끝나기까지는 아직 멀어 보였다.

* 아스라이: 기억이 분명하게 나지 않고 가물가물하게.

"나라의 제도와 질서를 세워 가고 있지만 지방에는 여전히 호족들의 영향력이 너무 크네. 또한 후백제의 군사력이 너무나도 막강해. 과연 우리 고려가 후백제와 신라를 누르고 이 땅을 통일할 수 있을까?"

"폐하께서는 능히 통일을 이루시게 될 겁니다. 폐하께는 수많은 사람들이 있습니다. 그들과 함께하신다면 무엇을 이루지 못하겠습니까?"

"나도 알고 있네. 어찌 나 혼자의 힘으로 큰일을 이루겠는가? 각 지방의 호족들의 힘을 하나로 모은다면 통일을 앞당길 수 있을 텐데. 그들의 마음을 어찌 하나로 모을 수 있겠는가?"

최지몽은 조용히 밤하늘을 바라보았다. 여전히 고려, 후백제, 신라가 서로에게 칼을 겨누고 있었다. 중국 대륙의 정세도 크게 요동치고 있었다. 당은 멸망했고, 거란이 무섭게 세력을 넓히고 있었다. 한때 해동성국이라 불리던 발해의 운명도 크게 흔들리고 있었다. 거란이 제 부족을 통일하여 나라를 세우기 전에 먼저 자리를 잡아야만 했다. 왕건은 차근차근 나라의 기초를 다질 시간이 없다는 것이 아쉬웠다. 무엇보다 세 나라를 빨리 통일해야만 했다.

"폐하, 결혼을 하셔야겠습니다."

"허허, 이 사람. 나는 이미 결혼을 하였네. 그걸 잊었단 말인가?"

"왕실의 결혼은 개인의 일이 아닙니다. 혼인을 통하여 왕실의 가족이 된다는 것, 그것만큼 서로에게 믿음을 주는 든든한 증표가 없지요. 호족들이 왕실의 가족이 된다면 폐하께 충성하며 폐하를 도울 것입니다. 왕후를 새로 들이셔야 합니다."

왕건은 최지몽의 말이 무슨 뜻인지 알고 있었다. 각 지방마다 강한 권력을 가진 호족들이 영향력을 떨치고 있다면 아무리 중앙에 왕이 있어도 나라의 체계와 규율을 잡기 어려운 법이었다.

고민 끝에 왕건은 각 지방의 힘 있는 호족들과 결혼을 통해 왕권을 강화해 나가기로 결정했다. 통일을 위한 발걸음이기도 했다.

지방 호족들 역시 왕실의 가족이 되는 일을 반겼다. 호족들과의 혼인으로 왕건은 호족들의 든든한 지원을 얻어 내는 데 성공한 것이다.

또한 왕건은 고려로 들어오는 사람은 누구든 가리지 않고 받아들였다. 그러자 눈치를 보고 있던 국경 지역의 호족들도 스스로 하나둘 고려로 들어오기 시작했다. 국내뿐 아니라 거란의 침입으로 어려움을 겪고 있던 발해 사람들도 마찬가지였다. 고려는 많은 사람이 필요했다. 그들이 어디에 살았고 누구인지는 중요하지 않았다. 고려에 들어와 살면 누구나 고려인이었다. 왕건의 이러한 정책들은 곧 삼국의 정세에도 큰 영향을 끼쳤다.

927년, 신라의 사신이 급하게 개경*으로 들어왔다.

"폐하, 도와주십시오. 후백제 군대가 서라벌로 쳐들어오고 있습니다. 왕께서 급히 고려에 구원병을 요청하오니 부디 저희 신라를 저버리지 말아 주시옵소서."

신라 경애왕의 구원 요청을 받고 왕건은 서둘러 서라벌로 향했다. 후백제의 견훤이 신라와의 전쟁에서 승리한다면 후백제의 힘이 더욱 막강해질 터였다. 통일의 꿈을 가진 왕건이었지만 지금은 신라를 도와야 할 때였다.

왕건이 서둘러 달려갔지만 견훤의 군사가 더 빨랐다. 파죽지세**로 신라군을 몰아친 후백제군은 신라의 심장인 서라벌을 손쉽게 점

---

* 개경: 개성의 옛 이름. 왕건이 고려를 세우고 송악을 도읍으로 정한 뒤 개경으로 불렸다.
** 파죽지세: 대나무를 쪼개는 기세라는 뜻으로, 적을 거침없이 물리치고 쳐들어가는 기세를 이르는 말.

령했다. 미처 피난을 갈 여유도 없었던 경애왕은 후백제군에 포위되었다.

견훤의 위협으로 경애왕이 스스로 목숨을 끊었다는 소식에 왕건은 마음이 더욱 급해졌다. 남은 신라군을 돕기 위해 빠르게 남쪽으로 내려갔지만, 견훤은 한발 앞서 고려군이 지나는 길목인 공산* 지역에 숨어 왕건을 기다리고 있었다. 서둘러 달려가던 고려군은 갑작스런 후백제군의 공격에 당황했다.

"퇴각하라, 아니 돌파한다! 전속력으로 돌파하라!"

곳곳에서 쏟아지는 화살과 돌덩이에 고려군은 가을 낙엽처럼 쓰러졌다. 왕건의 정예군은 산으로 숨어들었지만 전멸하다시피 했다. 왕건 역시 후백제군에 포위되어 목숨이 위태로웠다. 연달아 승리한 후백제군의 사기는 하늘을 찔렀다.

"고려 왕을 잡아라!"

"왕을 잡는 자에게는 큰 보상이 있을 것이다."

그때 신숭겸 장군이 왕건 앞으로 나섰다.

"폐하, 갑옷을 벗어 제게 주십시오. 제가 폐하의 갑옷을 입고 적

---

* 공산: 오늘날의 대구 팔공산.

을 다른 곳으로 유인하겠습니다."

"그리할 순 없소! 그대의 목숨으로 내 한 목숨 살고자 하지 않을 것이오. 우리는 죽어도 같이 죽고 살아도······."

신숭겸 장군이 왕건의 말을 가로막았다.

"폐하의 목숨은 폐하의 것이 아닙니다. 저는 폐하를 살리고자 하는 것이 아닙니다. 고려를 살리고자 하는 것입니다."

신숭겸 장군은 왕건의 갑옷을 입고 적진으로 뛰어들었다. 모든 후백제군이 그 뒤를 쫓았다. 그 틈을 이용하여 병사의 옷을 입은 왕건은 산을 빠져나왔다.

일찍이 백전백승으로 이름 높았던 왕건에게 최초이자 최악의 패배였다. 고려군은 공산 전투에서 신숭겸 장군뿐 아니라 5,000명의 병사를 대부분 잃고 말았다.

하지만 모두가 자신만을 바라보고 있기에 왕건은 슬퍼할 시간조차 없었다. 빠르게 나라를 안정시키고 자신의 뒤를 이을 후계자도 신경을 써야 했다.

공산 전투에서 승리를 거둔 후백제의 견훤은 자신감이 더욱 커졌다. 후백제는 다시 신라를 공격했고, 고려 역시 후백제의 힘이 커

지는 것을 막기 위해 전쟁에 나섰다.

930년, 고창에서 고려군과 후백제군이 팽팽하게 맞섰다.

그런데 전쟁이 터지기 직전, 오랫동안 눈치를 보고 있던 고창 일대의 호족들이 하나둘 왕건에게 투항해 왔다. 잔혹하다고 소문난 견훤보다는 인자하고 포용력 있는 왕건이 낫다고 판단한 것이었다. 게다가 그들은 본래 신라의 귀족들이었기에 경애왕을 죽인 견훤에게 무릎 꿇고 싶어 하지 않았다.

지방의 호족들이 모두 왕건의 편에 서기 시작하자 견훤은 크게 당황했다. 후삼국 최고의 전쟁 영웅인 견훤이지만 호족들의 마음을 얻지는 못했던 것이다. 수많은 사상자를 남기며 견훤은 퇴각하기 시작했다.

이후 왕건은 승리의 기세를 이어 후백제군을 밀어붙였다. 견훤은 방어에 온 힘을 쏟았다. 후백제는 고창 일대의 땅을 고려에 내어 주고 가까스로 제 나라를 지키는 데 만족해야 했다.

그러나 후백제는 나라 안에서부터 스스로 무너져 내렸다. 나이 든 견훤이 왕위를 넷째 아들 금강에게 물려주려고 하자 첫째 아들 신검이 견훤을 잡아 가두고 새로운 후백제의 왕이 된 것이다. 견훤은 간신히 후백제를 탈출해 고려로 망명해* 왔다.

하루아침에 쫓겨난 처지가 된 견훤의 모습은 초라했다.

"서로를 향해 칼을 겨누었던 제가 오늘 이렇게 폐하께 목숨을 맡깁니다, 흑흑."

왕건은 어제의 적이었던 견훤을 받아 주고 예의를 지켜 대우했다.

또한 그해 가을, 신라의 경순왕이 고려에 항복했다.

"비록 우리 고려에 항복했지만 1000년을 이어져 내려온 신라 왕조와 신라 왕을 결코 멸시하지 않을 것이다."

왕건은 경순왕 역시 예의를 갖추어 대했다. 경순왕을 사위로 삼았을 뿐아니라 신라 땅을 다스리는 관직도 내려 주었다.

다음 해인 936년, 아들에 대한 배신감에 치를 떨던 견훤이 왕건에게 청했다.

"군대를 주신다면 내 손으로 후백제를 치겠소."

왕건은 견훤의 청을 들어주었다. 견훤은 고려군을 데리고 아들 신검이 지휘하는 후백제군과 맞섰다.

* 망명하다: 박해받을 위험이 있는 사람이 이를 피하기 위해 외국으로 몸을 옮기다.

"자랑스럽고 용감한 후백제군이여, 그대들은 이제 나와 창칼을 겨누려 하는가?"

오랫동안 왕으로 모셨던 견훤이 고려군과 함께 있는 걸 본 후백제 병사들은 머뭇거리지 않을 수 없었다.

결국 격렬한 전투 끝에 후백제는 고려에 무릎을 꿇었다.

그렇게 약 50년 동안 지속되었던 전쟁이 끝나고 고려가 후삼국을

통일했다. 왕건이 평생 바라고 기다렸던 꿈이 이루어진 순간이었다.

"드디어 고려가 온전한 통일 왕국으로 우뚝 서는구나."

왕건은 가슴이 벅차올랐다.

"지긋지긋한 전쟁이 드디어 끝났구먼."

"고려 만세!"

"이제 태평성대*일세!"

후삼국 통일의 큰 꿈은 왕건의 꿈이기도 했지만, 백성들의 꿈이기도 했다. 백성들은 민심을 귀하게 여기는 인자한 왕, 왕건에 의해 세 나라가 통일된 것을 기뻐했다. 백성들의 마음에는 새로운 시대에 대한 희망이 피어나고 있었다.

---

* 태평성대: 어진 임금이 잘 다스려 태평한 세상이나 시대.

인물의 발자취를 찾아 떠나는 여행

통일 신라는 고구려와 백제, 신라 문화를 융합하여 새로운 발전을 이룩했어요. 하지만 신라 제51대 왕인 진성 여왕 때에 이르러 귀족들의 권력 다툼으로 사회가 어지러워졌어요. 또한 지방 세력이 성장하면서 신라 왕실의 힘이 크게 약해졌지요. 그 지방 세력이 바로 호족이에요.

호족들은 각 지방을 중심으로 경제력과 군사력을 갖추고 힘을 키워 갔어요. 그 호족 중의

한 명인 견훤이 후백제를 세우고, 궁예가 후고구려(태봉)를 세우면서 한반도는 후삼국 시대를 맞이하게 됩니다. 세 나라가 경쟁하면서 전쟁이 계속되었지요.

  이 혼란의 시대를 끝낸 인물이 바로 왕건입니다. 송악(개성) 지역의 호족이었던 왕건은 궁예의 부하였어요. 궁예가 민심을 잃자 궁예를 몰아내고 왕이 되어 고려를 세웁니다. 그리고 935년에는 신라를 합병하고, 936년에는 후백제를 멸망시켜 마침내 후삼국을 통일하지요.

  한반도 남쪽에 남은 왕건의 유적들은 주로 후백제의 견훤과 맞서 싸우면서 세력을 키워 나가던 곳들이랍니다. 고려를 세운 왕건이 후삼국을 통일하기까지의 발자취를 따라가 봅시다.

왕건을 장군으로 만들어 준 나주

  왕건이 궁예의 부하로 지내던 시절, 왕건을 최고의 장수로 만든 사건은 바로 나주를 점령한 일이에요. 후백제 남쪽 바닷가의 나주는 궁예가 세운 후고구려와는 거리가 너무 멀어서

▼ 왕건과 장화 왕후 동상 ⓒ 게티이미지코리아

아무도 공격을 예상하지 못했던 곳이었죠. 그런데 왕건이 이 지역 호족들의 도움을 받아 나주 땅을 점령합니다. 원래 이곳의 이름은 금성이었어요.

　나주는 후백제와 중국이 서로 오가던 항구가 있고, 농사가 잘돼서 먹을 것이 풍부한 데다 소금이 생산되던 중요한 지역이었지요. 왕건은 이곳을 차지한 후 자신을 도와준 나씨 성을 가진 호족의 이름을 따서 나주라고 부르도록 했어요.

　나주 완사천 근처에는 왕건과 관련된 일화가 전해 오고 있어요. 목이 말라 물을 청하는 왕건에게 한 처녀가 버드나무 이파리를 띄운 물을 주었다는 이야기예요. 물을 준 처녀는 목마른 왕건이 급하게 물을 먹다가 체할까 봐 나뭇잎을 띄운 것이었지요. 그 깊은 배려에 반한 왕건은 이 처녀를 두 번째 부인으로 맞이했어요. 이 처녀가 바로 장화 왕후로, 고려 제2대 왕인 혜종의 어머니랍니다.

치열했던 공산 전투가 펼쳐진 대구 팔공산

927년, 지금의 대구 팔공산 일대에서 왕건과 후백제의 견훤은 큰 전투를 벌입니다. 공산

▼ 팔공산 전경 ⓒ 게티이미지코리아

▲ 표충단과 비석 © 문화재청

전투라고 부르는 이 전투에서 왕건은 크게 패하고 꼼짝없이 죽을 수밖에 없는 상황에 처했어요. 그런데 그때 왕건이 아끼던 부하인 신숭겸 장군이 왕건의 갑옷을 바꿔 입고 왕건을 피신시킵니다. 덕분에 왕건은 무사히 도망쳤지만 신숭겸은 전사하고 말았지요.

팔공산에 위치한 표충사에는 신숭겸의 위패와 영정이 모셔져 있어요. 표충사 옆에는 신숭겸의 죽음을 애통해하던 왕건이 신숭겸이 죽은 자리에 쌓았다는 표충단이 있지요.

공산 전투가 치열했던 만큼 팔공산 인근에는 왕건에 얽힌 지명이 많습니다. 왕건이 도망가는 길을 반달이 밝게 비춰 줬다는 반야월, 도망가던 왕건이 잠시 앉아 쉬었다는 독좌암, 신숭겸이 지혜로운 묘책으로 왕건을 구했다는 지묘동 등이에요.

지금은 신숭겸의 유적을 시작으로 왕건과 견훤의 공산 전투에 관한 여덟 개의 테마 길(용

89

호상박길, 열린하늘길, 묵연체험길, 문화예술길, 고진감래길, 호연지기길, 가팔환초길, 구사일생길)이 만들어져 '팔공산 왕건길'이라는 걷기 코스로 이용되고 있지요. 각 길에서 왕건의 행적을 그림으로 만날 수도 있어요.

이 밖에도 대구에서는 매년 '팔공산 왕건 축제'를 열고 왕건과 관련된 다양한 역사 체험 프로그램도 운영하고 있답니다.

후삼국 통일의 열쇠가 된 고창 전투

공산 전투에서 쓰라린 패배를 맛본 왕건은 고창에서 다시 견훤과 맞붙게 됐어요. 고창은

▼ 안동태사묘 ⓒ 문화재청

지금의 경상북도 안동 지역의 옛 이름이에요. 이곳은 경상도와 강원도 일대로 세력을 확장할 수 있는 중요한 지역이었어요. 하지만 고려는 불리한 상황에 놓여 있었어요. 이때 이 지역의 세력가였던 김선평, 권행, 장정필의 도움으로 왕건은 불리했던 전투에서 크게 승리할 수 있었어요. 이때 왕건을 도운 세 사람을 삼태사라고 부르지요.

왕건은 고려 건국 후에 삼태사의 공을 인정하며 '안동'이라는 지명을 내렸어요. 우리가 알고 있는 안동이라는 이름이 바로 왕건이 지어 준 이름이지요. 안동태사묘는 삼태사의 위패를 모신 곳이에요.

안동 지역에 전해지는 차전놀이와 진모래 전설, 고삼주 등은 모두 고창 전투에서 유래했다고 해요.

왕건의 고창 전투 장면을 4차원으로 체험하고 싶다면 안동 전통문화콘텐츠박물관으로 가보세요. 물, 바람, 안개, 번개 등 다양한 특수 효과를 통해 실감 나는 전투 장면을 애니메이션으로 만나 볼 수 있어요.

▼ 안동 차전놀이 ⓒ 게티이미지코리아

▲ 개태사 ⓒ 게티이미지코리아

▲ 개태사지 ⓒ 문화재청

후삼국 통일의 상징, 개태사

개태사는 936년 왕건이 후백제를 무너뜨린 뒤 그동안의 전쟁에서 목숨을 잃은 병사들의 넋을 위로하기 위해 세운 사찰이에요. 전쟁이 끝나고 평화로운 세상이 열린다는 의미로 열릴 개(開), 편안할 태(泰)를 써서 절의 이름을 붙였다고 해요.

왕건은 후삼국을 통일할 수 있었던 것이 부처님의 은혜라고 생각했어요. 그래서 개태사가 있는 산의 이름도 황산에서 천호산으로 바꾸었지요. 천호는 '하늘이 보호한다.'라는 뜻이에요.

지금 논산에 있는 개태사는 나중에 새로 지어진 것이고, 고려 시대에 왕건이 지은 개태사는 터만 남아 있답니다.

남북한이 함께 발굴한 왕건의 궁궐터, 만월대

만월대는 고려의 도읍 개성에 있는 궁궐터를 부르는 이름이에요. 당시에는 경복궁이나 창

▲ 개성 만월대 전경 ⓒ 게티이미지코리아

　경궁처럼 궁궐에 이름을 붙이지 않았기 때문에 궁궐의 이름은 없어요. 만월대라는 이름은 조선 시대에 이곳에 달을 보기 위해 만들어 놓았던 '망월대'에서 유래되었어요.
　이곳은 왕건이 태어난 집터이기도 해요. 왕건의 아버지 왕륭이 도선 대사의 예언에 따라 집터를 옮겨 집을 짓고 이듬해에 왕건이 태어났다고 전해지지요.
　918년 왕위에 오른 왕건이 고구려를 계승한다는 의미로 나라의 이름을 고려로 바꾸고 개성을 수도로 삼은 뒤 자신의 집이 있던 자리에 궁궐을 지었다고 해요. 이후 몽골과 홍건적

▲ 만월대 유적 발굴 현장 ⓒ 남북역사학자협의회

▲ 만월대에서 발굴된 유물들 ⓒ 남북역사학자협의회

의 침입으로 궁궐은 불에 타고 터만 남은 채로 오랜 세월 황량하게 버려져 있었지요.

그러다가 2007년부터 남북한이 여덟 차례에 걸쳐 공동으로 발굴 조사해서 1만 7,900여 점의 유물을 발굴하는 성과를 올렸어요.

태조 왕건의 무덤 현릉

한 왕조를 세운 첫째 임금을 '태조'라고 해요. 그래서 왕건을 태조 왕건이라고도 부르지요. 태조 왕건의 무덤은 개성에 있는 현릉이에요.

외적의 침입이 많았던 고려 시대에는 전쟁 때 무덤에서 유골을 옮겼다가 안전해지면 다시 이곳에 안장했다고 해요.

조선 시대에 이르러 여러 차례 보수를 하면서 조선 왕릉과 비슷한 형태가 되었지만, 고구려 무덤 양식의 영향을 받아 무덤 내부에는 벽화가 그려져 있답니다.

1992년 현릉을 확장 보수하던 중 5미터 가량 떨어진 곳에서 앉아 있는 형태의 인물 청동상이 발견되었어요. 바로 태조 왕건의 동상이에요. 이 동상은 연등회의 첫날이나 국가의 중요한 일을 앞두고 제사를 지낼 때 사용되었다고 해요.

황제의 상징인 통천관을 쓴 청동상은 허리에 옥대(허리띠)를 띠고 있었어요. 아마도 제사를 지낼 때 조각상에 비단 옷을 입혔던 것으로 여겨지지요.

▲ 왕건 동상 ⓒ 게티이미지코리아

▼ 왕건의 무덤 현릉 ⓒ 게티이미지코리아

인물 연표

◆ 왕건

877 송악의 호족 왕륭의 아들로 태어났어요.

896 왕건이 궁예의 부하가 되었어요.

900 견훤이 후백제를 건국해요.

927 왕건이 이끄는 고려군이 공산 전투에서 견훤에게 크게 패했어요.

919 개성으로 도읍을 옮기고 신라에 화친 정책을 폈어요.

918 왕건이 궁예를 몰아내고 왕위에 올라 고려를 세웠어요.

930 고창 전투에서 고려군이 후백제군을 크게 이겼어요.

934 발해의 태자가 백성들을 데리고 고려에 귀화했어요.

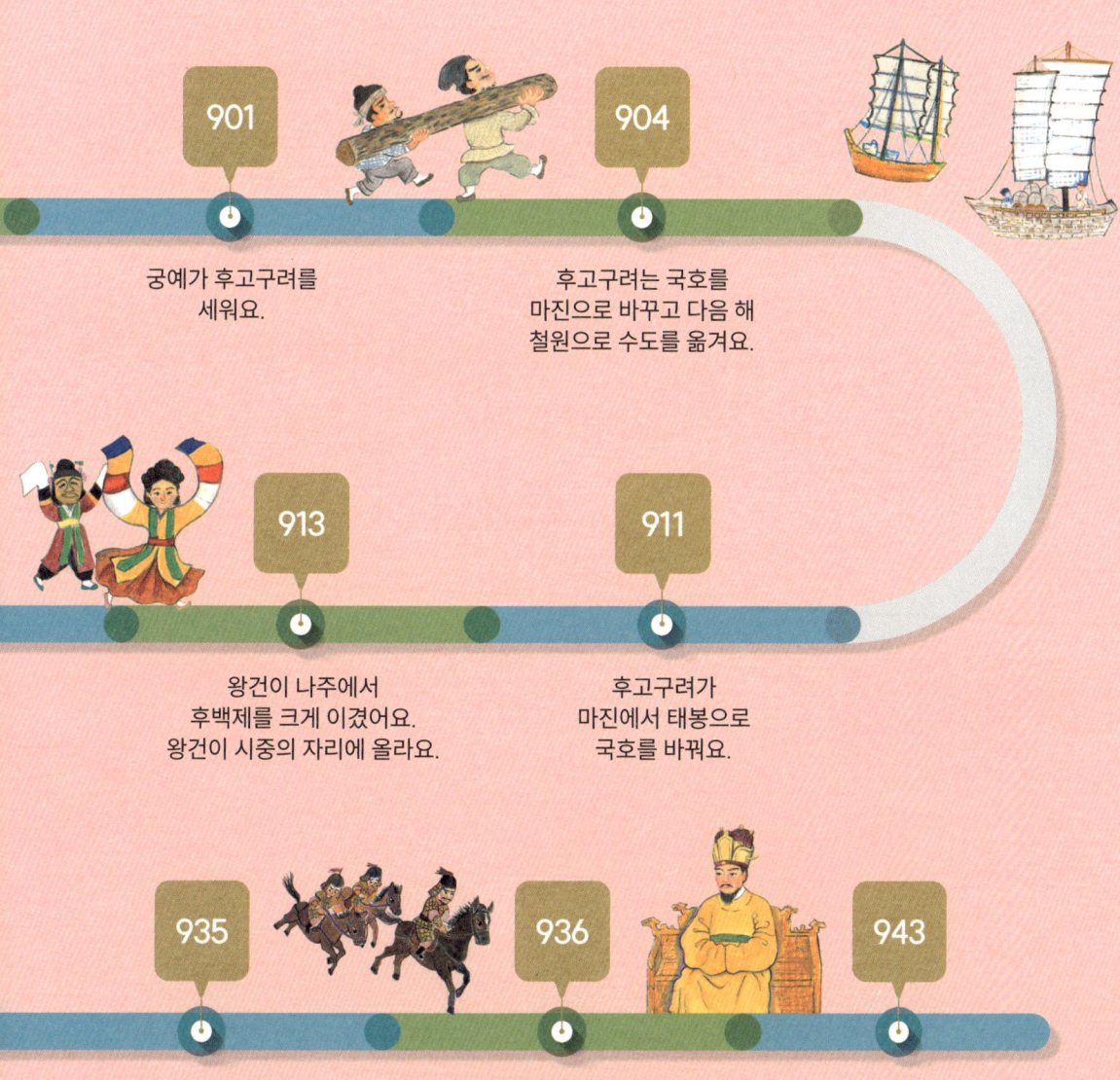

901 궁예가 후고구려를 세워요.

904 후고구려는 국호를 마진으로 바꾸고 다음 해 철원으로 수도를 옮겨요.

913 왕건이 나주에서 후백제를 크게 이겼어요. 왕건이 시중의 자리에 올라요.

911 후고구려가 마진에서 태봉으로 국호를 바꿔요.

935 후백제에서 탈출한 견훤을 받아 줘요. 이어서 신라가 고려에 항복해요.

936 고려가 후백제를 멸망시키고 마침내 후삼국 통일을 이루었어요.

943 왕건이 세상을 떠나요.

찾아보기

개경	78	변방	37
개태사	92		
개태사지	92	사신	23, 40, 42, 70, 78
경애왕	78, 79, 82	승전보	40
고창 전투	90, 91, 96	신검	82, 83
공산 전투	80, 88, 89, 90, 96	신숭겸	79, 80, 89
관심법	46, 50, 52, 53, 54		

		아스라이	75
도선 대사	17, 19, 20, 93	애꾸눈	31
		애어른	17
마진	38, 45, 58, 97	연등회	70, 95
만월대	92, 93, 94	오월	40
미륵불	45, 46, 58	왕좌	66

반역	50, 52, 53	장화 왕후	87, 88
반역죄	49	점괘	31, 32
발해	76, 78, 96	조정	66
벽란도	9, 11	주군	38, 59, 65

진성 여왕	86	한림원	44
		해동성국	76
차전놀이	91	해적	9, 10, 11, 12, 13, 40
		현릉	95
태봉	45, 58, 87, 97		
태조	95		
태평성대	85		
통천관	95		

파죽지세	78
팔관회	70
포용력	82
폭군	57, 62, 63
표충단	89
표충사	89
풍수지리	19

고려의 시작 태조 왕건

초판 1쇄 발행 2024년 03월 04일

글 김일옥 **그림** 서선미
발행처 주식회사 스푼북 **발행인** 박상희 **총괄** 김남원
편집 길유진 김선영 박선정 김선혜 권새미
디자인 이지숙 정진희 **마케팅** 구혜지 박미소
출판신고 2016년 11월 15일 제2017- 000267호
주소 (03993) 서울시 마포구 월드컵북로6길 88-7 ky21빌딩 2층
전화 02- 6357- 0050(편집) 02- 6357- 0051(마케팅)
팩스 02- 6357- 0052 **전자우편** book@spoonbook.co.kr

ⓒ 김일옥, 서선미 2024
ISBN 979-11-6581-487-8 (73910)

* 저작권법에 의하여 한국 내에서 보호를 받는 저작물이므로 무단 전재와 무단 복제를 금합니다.
* 잘못 만들어진 책은 구입하신 곳에서 바꾸어 드립니다.

제품명 고려의 시작 태조 왕건	⚠ 주 의
제조자명 주식회사 스푼북 ｜ **제조국명** 대한민국 ｜ **전화번호** 02-6357-0050	
주소 (03993) 서울시 마포구 월드컵북로6길 88-7 ky21빌딩 2층	아이들이 모서리에 다치지
제조년월 2024년 03월 04일 ｜ **사용연령** 10세 이상	않게 주의하세요.
※ KC마크는 이 제품이 공통안전기준에 적합하였음을 의미합니다.